Ce livre appartient à :

AVOIR DE GRANDS RÊVES!
Que faut-il faire pour devenir...?

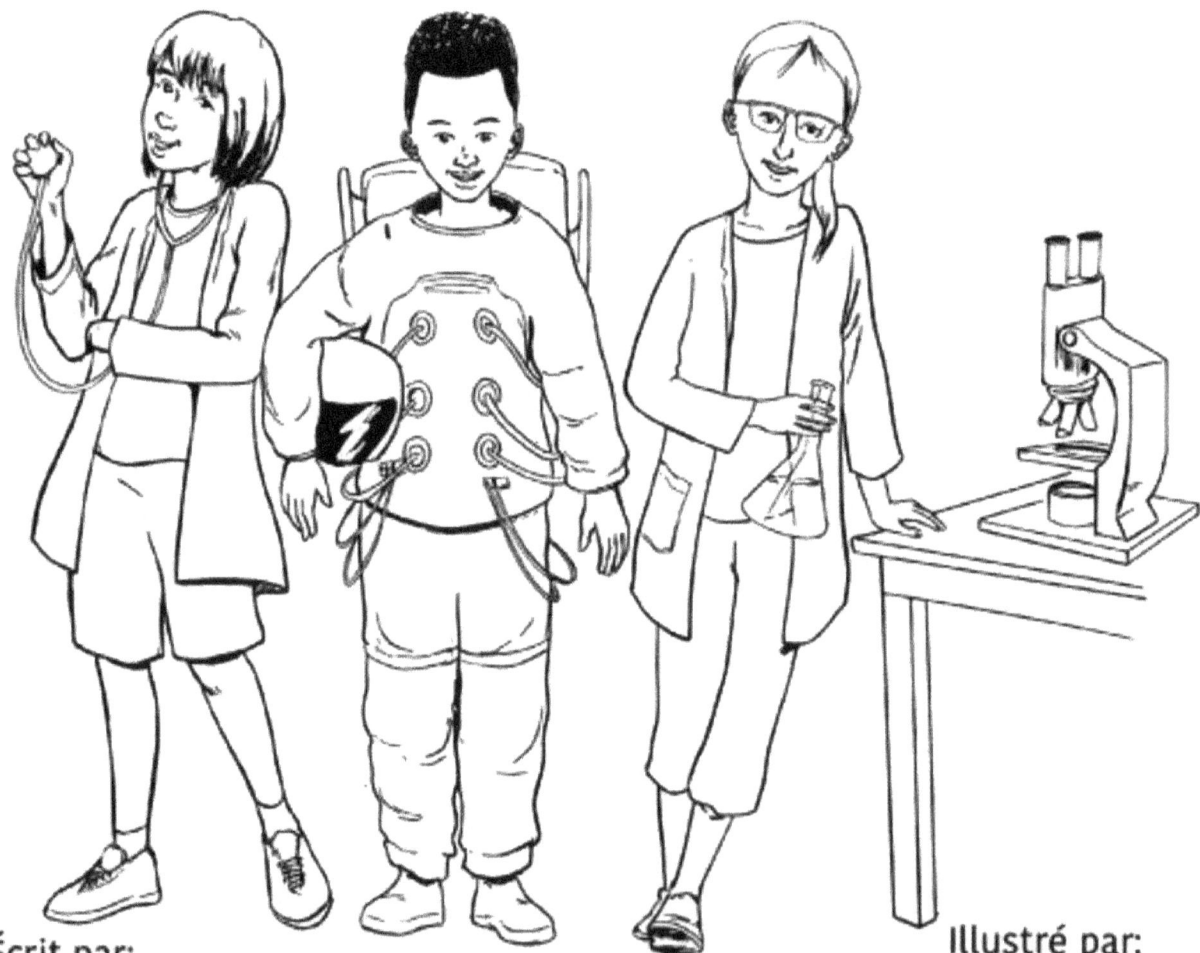

Écrit par:
MUJAWIYERA Eugénie

Illustré par:
RUTAYISIRE Chris

Un grand merci à
Roxanna K., Joy M., Elvis M., et
Molo M. !

Bill et Haneul : Salut Angela !

Angela : Salut Bill et Haneul ! Comment allez-vous ?

Bill et Haneul : Nous allons bien, merci.

Angela : Que faites-vous dans ce parc ?

Haneul : Nous sommes en train de nous poser des questions sur ce que nous pourrons devenir quand nous serons grands.

Angela : Ah ! C'est super intéressant ! Alors, dit-nous Haneul, qu'est-ce que tu aimerais devenir quand tu seras grand ?

Haneul : Hmmm... J'aimerais devenir médecin.

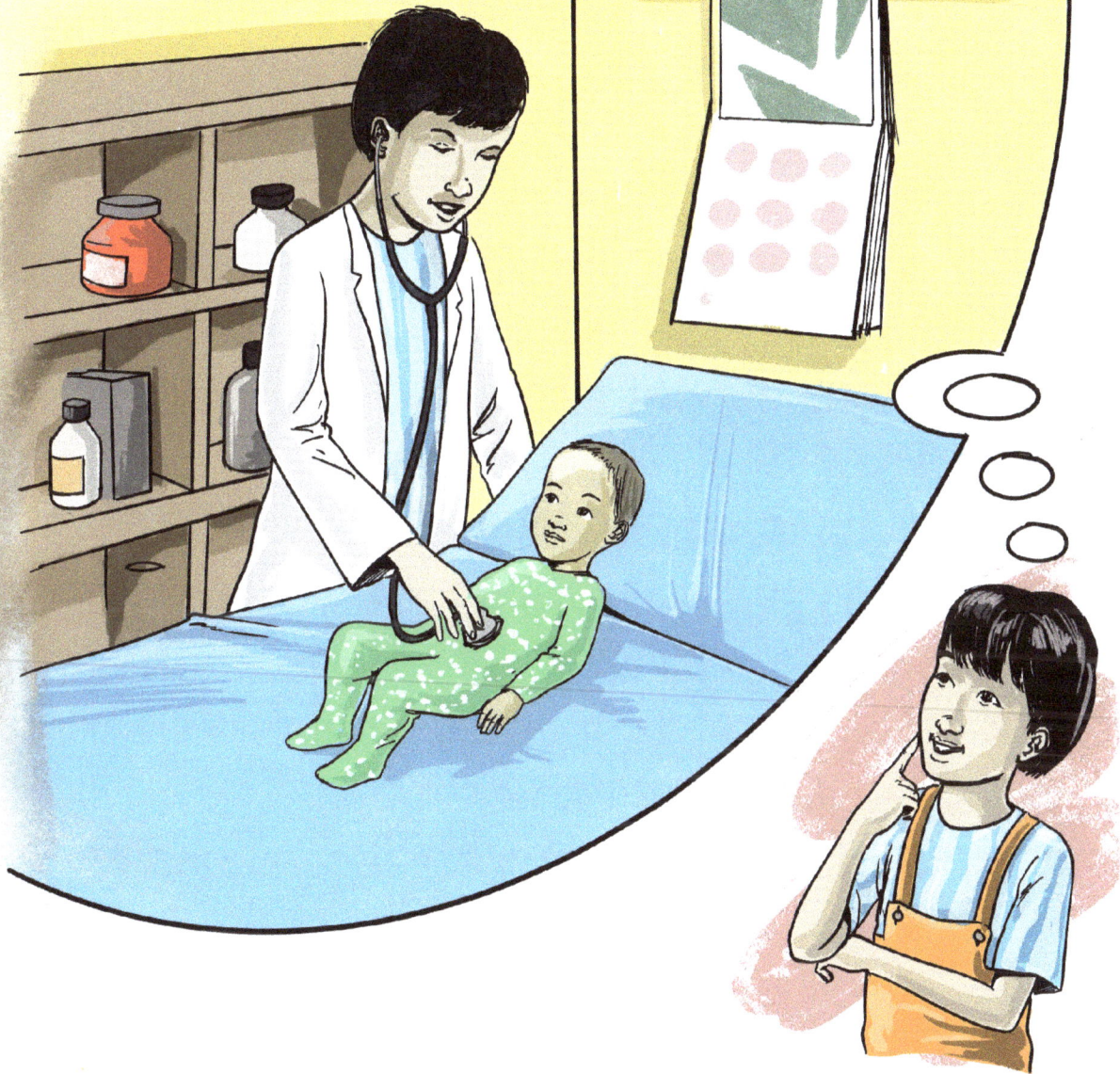

Pédiatrie

3

Angela : Pourquoi un médecin ?

Haneul : Bah... parce que j'aime beaucoup aider les gens ! Je pense qu'être médecin est la meilleure chose au monde ! Quand quelqu'un est médecin, il peut aider les gens qui souffrent.

Bill : J'ai appris que les médecins ont différents types de spécialisation.

Haneul : Oui, c'est vrai ! Moi, j'aimerais être un pédiatre. C'est un médecin qui soigne les bébés, les enfants, les jeunes et les adolescents.

Bill : Fantastique ! Bonne idée ! Pédiatre ! J'espère que tu sais que les bébés pleurent beaucoup.

Haneul : Oui, je suis prêt à suivre mon rêve. Je vais les appuyer et les aider.

Angela : Et toi, Bill, qu'est-ce que tu aimerais être quand tu seras grand ?

Bill : J'aimerais être un grand scientifique, peut-être un astronome ou astronaute.

Angela : Pourquoi ? Ne me dis pas que c'est pour te battre avec des extraterrestres !

Bill : Ahah, oui peut être que j'aurai la chance de voir les extraterrestres ! Je rêve de travailler un jour avec la station spatiale internationale (SSI). J'aimerais aussi aller sur la lune. L'astronomie me fascine !

Haneul : L'astronomie ? Trop cool !

Bill : Oui, je suis toujours fasciné par le soleil, les astres et les planètes !
L'astronomie est la science qui étudie les astres et les corps célestes.

7

Angela : Bill, tu sais, pour être un grand astronome ou astronaute, il faut travailler fort et lire beaucoup de livres de Sciences.

Bill : Je suis totalement d'accord avec toi. Angela, tu sais, après l'école primaire, nous irons à l'école secondaire et après l'école secondaire, nous pourrons aller à l'Université. Qu'aimerais-tu faire quand tu finiras tes études secondaires ?

Angela : Après les études secondaires, je devrai absolument continuer les études universitaires. J'aimerais être une chercheuse en Biologie.

Bill : Que font les chercheurs et chercheuses en Biologie ?

Angela : Tout d'abord, je vais vous expliquer ce que c'est que la biologie. La biologie est la science qui étudie la vie et les êtres vivants. Un chercheur ou une chercheuse en biologie fait des recherches qui sont liées à la Biologie (organismes vivants). Son but est de faire progresser les Sciences.

Haneul : Ah cool ! Vous savez, j'ai une petite sœur qui me dit toujours qu'elle aimerait devenir pilote. Peut-être qu'elle pourrait nous faire visiter le monde.

15

Bill : C'est superbe comme idée ! À la maison, mon grand frère nous a dit qu'il rêve d'être avocat.

Haneul : Sérieusement, le monde a besoin d'avocats. Laissez-moi vous donner un exemple : quand une personne méchante a accusé à tort un ami de mon père de lui avoir volé de l'argent, mon oncle Dae-Jung, qui est avocat, l'a défendu !

Angela : Waouh, cet avocat a vraiment sauvé l'ami de ton père ! Pour être avocat, c'est sûr qu'il a fait beaucoup d'années à l'université, mais je ne sais pas combien.

Haneul: Moi, j'ai deux cousins qui sont à l'université. Le premier étudie pour être cardiologue et l'autre veut devenir architecte.

Bill : Génial ! Peut-être que le cardiologue pourra aider ma grande mère si elle a mal au coeur.

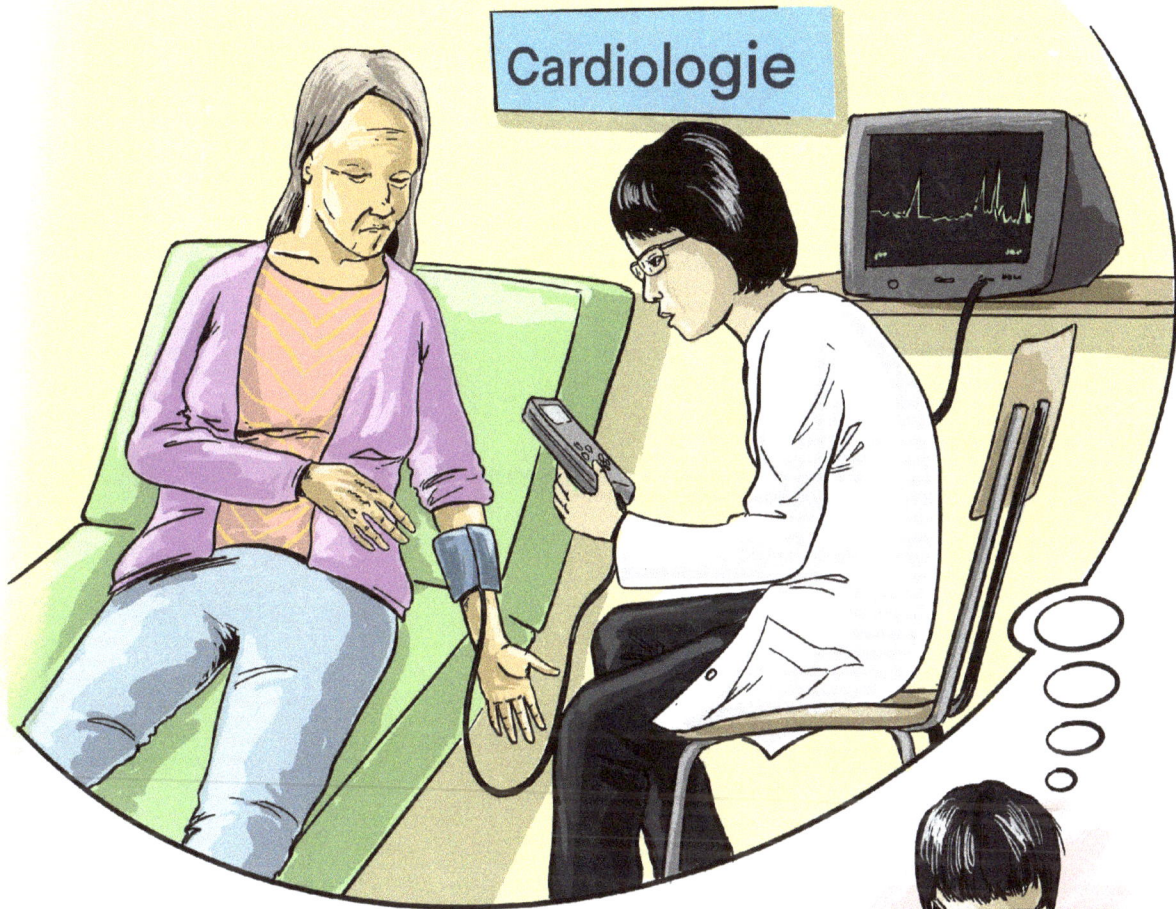

Cardiologie

19

Angela : Et l'architecte pourra m'aider à concevoir un grand et beau laboratoire où je ferai toutes mes expériences !

21

Bill : Tes cousins ont **de grands rêves** ! Ah ! Je me demande combien d'années ça prend pour devenir médecin, chercheur en science, avocat, pilote, architecte ou autre. Nous pouvons poser cette question à un élève plus âgé que nous.

Haneul : Oh, j'ai une idée ! Allons en parler avec Aya. Elle est la grande sœur de Bill qui est en 11e année, elle a 17 ans. Cette fille est très intelligente et gentille, ses conseils peuvent être fiables. Je la vois toujours après l'école, quand elle vient chercher Bill.

Haneul : Nous pouvons tous nous retrouver devant l'entrée principale vers 3h 45 de l'après-midi. Nous allons demander la permission à nos parents pour qu'on puisse discuter avec elle pour quelques minutes.

Bill : D'accord, pas de problème ! Après l'école, elle viendra me chercher.

Après quelques heures, Aya les retrouve devant l'entrée principale.

Aya: Vous allez tous bien ?

Angela et Haneul : Oui, nous allons bien, merci !

Angela : Merci de nous donner un peu de ton temps. Nous avons quelques questions liées aux études supérieures. Combien d'années cela prend pour devenir médecin, astronome, pilote, avocat, biologiste ou autre ? Peux-tu aussi nous donner des conseils de ce qu'on doit faire pour réussir dans nos études ?

Aya : Question intéressante ! Prenons l'exemple d'un médecin. Pour être médecin généraliste, il faut passer par plusieurs étapes. Après l'école primaire et secondaire, il faut aller à l'université, choisir la faculté de médecine. Cela peut prendre entre 6 et 7 ans, et cela dépend des pays. Mais, ce n'est pas tout. Après la médecine générale, les médecins peuvent aller plus loin et faire des spécialisations comme la pédiatrie, la cardiologie, la neurologie, etc.

La spécialisation en médecine prend aussi d'autres années d'études, peut-être, entre 3 et 5 ans. Au total, pour être un médecin spécialiste cela peut prendre entre 9 et 12 ans d'université.

Il faut d'abord travailler fort au primaire et au secondaire. Je dirais aussi qu'en classe, il faut être discipliné, avoir de bonnes habitudes et de bons comportements ! Il faut être courageux et motivé. Être bien organisé est un élément nécessaire pour réussir dans la vie. Il faut toujours faire vos devoirs, faire des recherches en ligne ou à la bibliothèque, et finir vos travaux de classe ; il faut viser l'excellence et toujours faire de votre mieux pour avoir de bonnes notes. N'ayez pas peur de poser des questions à vos enseignants ou enseignantes afin de mieux comprendre vos leçons. Après l'école secondaire, vous pourrez suivre vos études universitaires et choisir par exemple les facultés de : Sciences, Médecine, Droit, Lettres, etc.

Bill, Angela, Haneul : Merci Aya, pour tes conseils ! Tu viens de nous raconter des choses très intéressantes et importantes ! Rien à ajouter. C'est parfait!

Bill : Il est déjà temps de rentrer à la maison. Nos parents nous attendent. Nous allons continuer notre conversation demain.

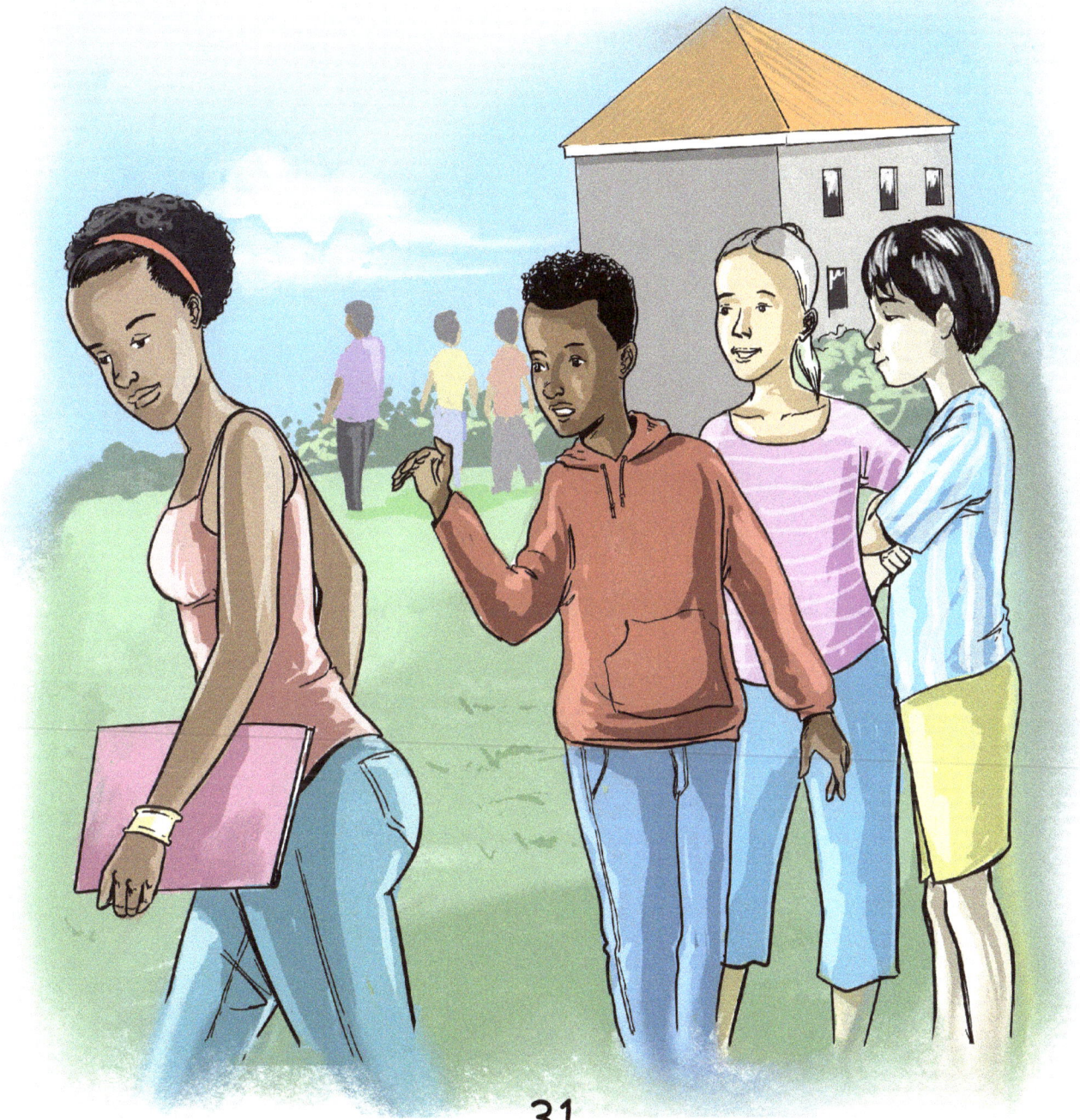

Le jour suivant, durant la récréation, les trois amis se rencontrent dans la cour d'école.

Bill : Les amis, vous savez que lorsque je suis rentré à la maison hier soir, j'ai raconté à ma tante Fatima ce qu'Aya nous a dit. Après cela, ma tante m'a raconté l'histoire d'une femme immigrante qui avait un emploi à temps partiel à l'Aéroport Pearson de Toronto et qui étudiait en même temps. Elle travaillait dur pour finir ses études et aujourd'hui, elle est professeur de physique à l'université de Harvard aux États-Unis.

Angela : Quelle femme courageuse, et brillante !
Bill : C'est vrai ! Si elle a pu y arriver, nous pourrons aussi atteindre nos rêves !

Haneul : Sûrement ! Je pense que nous avons besoin de beaucoup de conseils pour accomplir nos rêves.

Bill : Tu as raison. Vous savez, la tante Fatima m'encourage souvent de bien étudier en classe pour que plus tard je puisse devenir astronome ou astronaute, et que je puisse avoir tout ce dont j'aurai besoin. Elle habite avec nous, et elle me rappelle souvent le proverbe québécois qui dit que : « le temps passe et ne revient plus ». C'est pour cela que chaque fois quand j'arrive à la maison, après l'école, elle m'encourage souvent de revoir ce que j'ai étudié en classe, de faire mes devoirs ou de finir mes projets.

Ma tante me donne des conseils de bien me comporter en classe, d'être toujours à l'heure et prêt à apprendre, d'être poli envers mes enseignants et enseignantes, et d'être gentil avec mes amis ou amies de classe. Elle me dit de participer souvent en classe, de partager mes idées, de toujours poser de questions quand il y a des choses que je ne comprends pas, de bien organiser mes affaires, de ne pas déranger en classe, et de bien collaborer avec les autres élèves.

Elle m'encourage souvent de travailler pour avoir de bonnes notes en classe. Elle me conseille de ne pas m'absenter quand je ne suis pas malade, d'écouter attentivement quand l'enseignant ou l'enseignante donne des explications des leçons, des projets et des activités.

Elle me dit souvent que je suis capable de devenir ce que j'y rêve, et que cela demande du courage et du travail.

- Politesse
- Gentillesse
- Participation
- Organisation
- Collaboration

Angela: Puis-je vous dire ce que je pense également ?

Haneul : Angela, vas-y, on t'écoute.

Angela : Après avoir parlé à Aya l'autre jour, je trouve que pour atteindre un objectif, l'on doit persévérer même si ça prend un peu du temps ! L'essentiel, c'est de réfléchir bien et vite. Je suis très jeune pour connaître toutes les informations sur nos métiers de rêves, mais au moins, je sais souvent que les diplômes universitaires demandent beaucoup de temps et d'efforts. Pour devenir, par exemple, scientifique, astronome/astronaute, médecin neurologue, pédiatre, cardiologue, avocat, pilote, architecte, et écrivain, il faut avoir de **grands rêves** ! Il faut fournir beaucoup d'efforts ! Rien n'est impossible ! Nous devons viser l'excellence dans tout ce que nous faisons.

Bill : Après toutes les conversations qu'on a eues, je pense qu'on sait à quoi s'attendre pour atteindre nos rêves. Donc, les amis, faisons de notre mieux ! <<À cœur vaillant, rien d'impossible.>>

Titre : Avoir de grands rêves ! Que faut-il faire pour
devenir…?
Écrit par Eugénie Mujawiyera ; illustré par
Chris Rutayisire

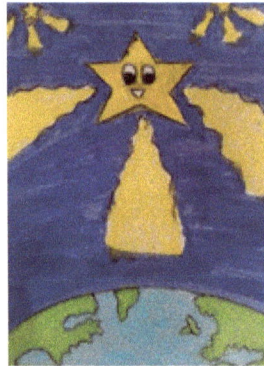

Ce livre peut être utilisé par les élèves des écoles élémentaires : de la 3e à la 8e année. Âge : de 8 à 14 ans. Il peut également être utilisé par les enseignants et enseignantes des écoles élémentaires ou les parents pour motiver les élèves/enfants à étudier sérieusement.